Einsterns
Schwester
leicht gemacht

3

Themenheft 2
⭐ Richtig schreiben

Herausgegeben von
Roland Bauer, Jutta Maurach

Erarbeitet von
Wiebke Gerstenmaier, Sonja Grimm, Martina Schramm

In Zusammenarbeit mit
der Redaktion Grundschule Deutsch 2–4

Cornelsen

Inhaltsverzeichnis

Ich bin Lola und helfe dir mit Profitipps.

So kannst du mit den Heften arbeiten

Du machst alle
Seiten der Lernportion 1.

Zuerst im
grünen Heft.

Dann im
roten Heft.

Dann im
gelben Heft.

Und dann im
blauen Heft.

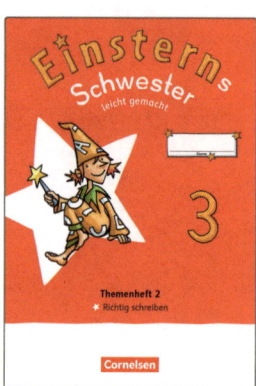

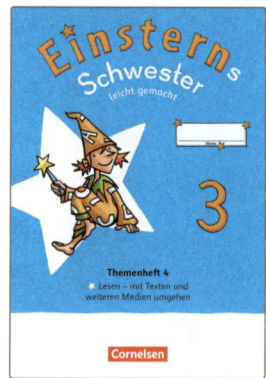

Danach machst du in
allen Heften die Lernportion 2.

Nun machst du in
allen Heften die Lernportion 3.

Genauso bearbeitest du
alle anderen Lernportionen.

In diesem Heft
kannst du den
Grundwortschatz
vertiefend üben.

① Lies die Wörter in Silben.

| Urlaub | Wolken | Ferien | Flughafen | Himmel |

| Pilot | Scheinwerfer | Flügel | Sonne |

② Schreibe die Wörter aus ① mit Silbenbögen auf.

Urlaub,

③ Finde die sechs Verben und notiere sie farbig. Zeichne Silbenbögen ein.

| lan | flie | star | um | rei | brem |

| gen | sen | stei | ten | sen | gen | den |

landen,

Wie du mit der Lernwörterkartei arbeitest, kannst du im Trainingsheft zum Grundwortschatz auf Seite 3 nachlesen.

ᴡ der Boden
erlauben
Europa
fliegen
reisen
der Schalter

So schreibe ich mit Hilfe der Silben ab

1. Ich spreche das Wort leise in Silben.
2. Ich schreibe das Wort auf. Dabei spreche ich leise in Silben mit.
3. Ich prüfe das Wort mit Silbenbögen.

① Schreibe die Wörter auf. Zeichne Silbenbögen ein.

– fünf Brötchen   – sieben Bananen

– ein Glas Marmelade   – Milchreis

– eine Tüte Äpfel   – zwei Flaschen Milch

② Schreibe ein Schleichdiktat.
Merke dir immer einen Abschnitt.

Heute koche ich | Milchreis. | Dazu stelle ich |
einen Topf mit Milch | auf den Herd |
und schalte ihn an. | Wenn die Milch kocht, |
gebe ich | eine Tasse Reis dazu. |
Ich rühre alles gut um.

Heft 2, S. 6 ②+③
Heute koche ich ...

③ Prüfe deinen Text aus ② mit Silbenbögen.

ᴡ brummen   der Löffel
herstellen   die Tasse
kochen   der Teller

(1) Lies den Text.

Zauberspruch

Nimm **Entenfedern, Löwenzahn**
und einen **Löffel Lebertran**.
Sprich Hunke-munke-mops dabei
und mische einen dicken **Brei**.
Schmier dir die **Nasenspitze** ein
und stell dich in den **Mondenschein**.
Und schwebst du nun nicht in die **Nacht** –
dann hast du etwas falsch gemacht!

Max Kruse

(2) Schreibe die gelb markierten Nomen aus **(1)** mit Silbenbögen auf.

Zauberspruch,

(3) Merke dir immer eine Zeile.
Decke sie ab. Schreibe auswendig.

– acht dicke Tränen
– sieben Kröteneier
– zwei Tüten rosa Blüten
– fünf braune Federn

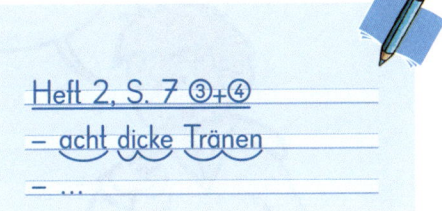
Heft 2, S. 7 ③+④
– acht dicke Tränen
– ...

(4) Kontrolliere die Wörter aus **(3)** mit Silbenbögen.

Lernportion 1: Mit Silben arbeiten

Jede Silbe hat einen **Silbenkern**.

Meistens ist es ein **Vokal** (a, e, i, o, u): der Ball, das Feld.

Manchmal ist es ein **Umlaut** (ä, ö, ü): der Bär, die Tür.

Manchmal ist es ein **Zwielaut** (ei, eu, au, äu): das Haus, der Reim.

① Finde die Silbenkerne.

Schreibe die Wörter wie im Beispiel auf.

P☆p☆g☆   W☆lk☆   N☆sh☆rn

Papagei

② Setzt die Silbenkerne ein.

N a chb___r   K___mp___ss   K___n___g___n

M___gn___t   K___rt___ff___l   T___chn___k

③

Hase

Silbenkerne
a und e

H s

Schl ng

K tz   R P   M w

ω deutlich

eigentlich

flüstern

gegen

höflich

wieder

① Markiere die Verben nach ihren Silbenkernen
mit verschiedenen Farben.

a e	e e	au e	ei e	ie e
bauen	schlafen	heizen	merken	schieben
fressen	laufen	frieren	wachsen	reiten
riechen	retten	schaukeln	zeichnen	halten
raten	kriechen	messen	schweigen	schauen

② Schreibe die Wörter aus ① geordnet auf.
Zeichne Silbenbögen ein.

Heft 2, S. 9 ②
a e: schlafen, ...
e e: merken, ...

③ Ergänze **en**, **el** und **er**.
Schreibe die Wörter mit Silbenbögen auf.

Heft 2, S. 9 ③
Rätsel, ...

Räts **el**   bind___    Feu___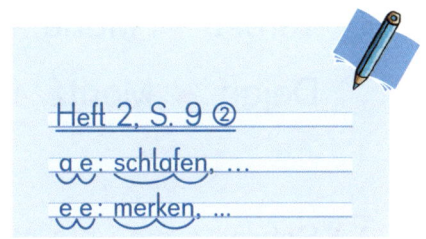

Gewitt___   Hung___   blick___   Schnab___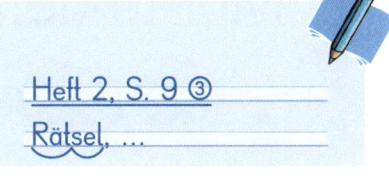

fang___  Spieg___   Hauf___

 Bäck___   krieg___   Ang___

Räub___   Fried___   Zirk___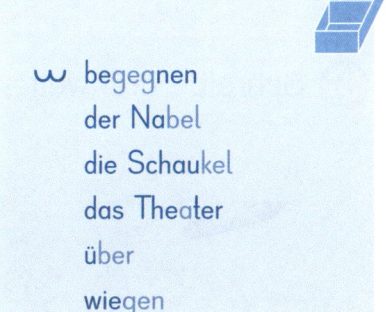

begegnen
der Nabel
die Schaukel
das Theater
über
wiegen

> Ich trenne schriftlich so, wie ich das Wort **in Silben spreche**:
> Wan-der-tag.
> **Aber**: Beim schriftlichen Trennen darf ein Buchstabe nicht allein stehen:
> Emilia (schwingen)   Emi-lia (schriftlich trennen)

1 Unterstreiche alle Namen, die du trennen darfst.

Marlene ✷ Artur ✷ Tarek ✷ Dardana ✷

Felix ✷ Mio ✷ Yuna ✷ Janosch ✷

Ben ✷ Özgür ✷ Leonie ✷ Vanessa ✷

Teresa ✷ Marie ✷ Oskar ✷ Alina ✷

Dejan ✷ Moritz ✷ Esra ✷ Ronja

2 Schreibe die unterstrichenen Namen aus ① getrennt auf.

Mar-le-ne,

3 Schreibe drei weitere Namen getrennt auf.

Lernportion 1: Mit Silben arbeiten

Plenum: sich darüber austauschen, was beim schriftlichen Trennen beachtet werden muss; den Unterschied zum Silbenschwingen herausstellen

10

AH 9

1 Lest den Text abwechselnd Satz für Satz.

Der Streik

In meine Schulklasse gehen 24 Kinder. Unsere Klassenlehrerin
ist hilfsbereit und meistens sehr nett. Sie heißt Frau Blümel.
In ihrem Unterricht lachen wir oft. Aber leider gibt sie
uns viele Hausaufgaben auf. Neulich waren wir deshalb
wieder einmal furchtbar wütend, denn wir hatten überhaupt
keine Zeit mehr.
Tia rief uns in der Pause zusammen und sagte: „Wir streiken!"
Die ganze Klasse beschloss dann, heute keine Hausaufgaben
zu machen. Wir malten auch bunte Schilder wie bei
einem richtigen Streik. Wir hatten natürlich ein bisschen
Angst, was am nächsten Tag bei der Hausaufgabenkontrolle
passieren würde. Aber Frau Blümel lachte einfach.
Sie fand es toll, dass die ganze Klasse fest zusammengehalten
hat. Sie erklärte uns aber auch, warum Übung wichtig
ist. Jetzt machen wir jeden Freitag eine Stunde Klassenrat.

Beachte
die Trennungsregeln
von Seite 10!

2 Trenne die unterstrichenen Wörter aus ① so, dass sie
nicht mehr über den Rand geschrieben werden.

Klassen-lehrerin,

> Ich schreibe ein Wort mit **ä** oder **äu**, wenn ich es
> von einem verwandten Wort mit **a** oder **au** **ableiten** kann.

 das Äffchen der Affe

 die Fäuste die Faust

(1) Leite ab. Schreibe wie im Beispiel.

 | Zähne |  die Zähne ↯ der Zahn

 | Nägel |

 | Gläser |

 | Blätter |

 | Gänse |

 | Zäune |

 | Häuser |

 | Bäume |

| Bäuche |

die Ärzte ↯ der Arzt
die Bäder ↯ das Bad
die Plätze ↯ der Platz

1 Verbinde jedes Verb mit dem abgeleiteten Nomen.

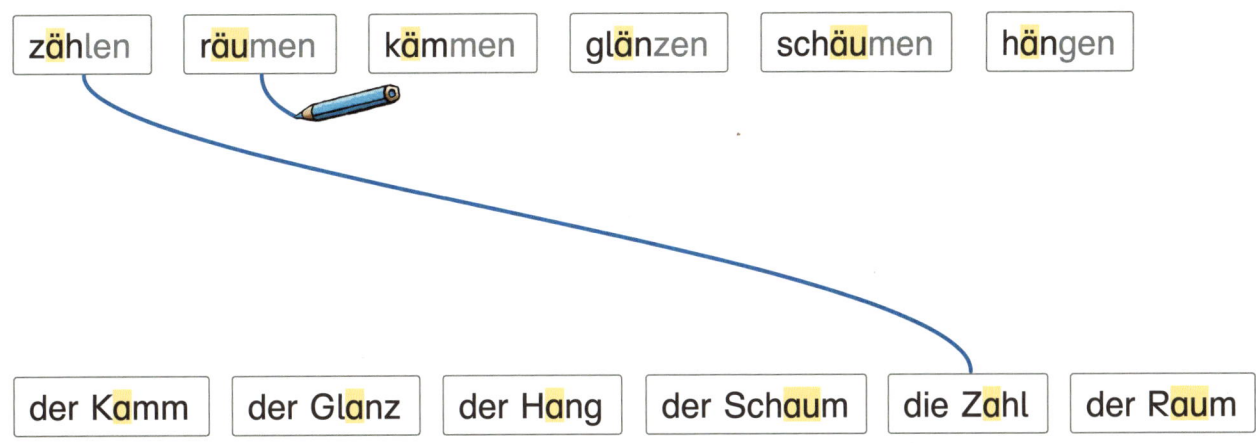

| zählen | räumen | kämmen | glänzen | schäumen | hängen |

| der Kamm | der Glanz | der Hang | der Schaum | die Zahl | der Raum |

2 Schreibe die Wörter aus ① wie im Beispiel auf.

zählen ↯ die Zahl,

3

zählen

Zahl

aufräumen ↯ der Raum
erklären ↯ klar
kämpfen ↯ der Kampf

① Ordne die Wörter in eine Tabelle ein.
Leite die Wörter mit **ä** oder **äu** ab.

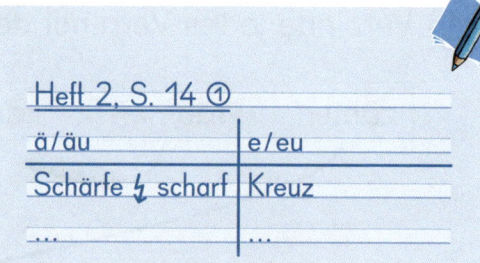

Heft 2, S. 14 ①

ä/äu	e/eu
Schärfe ↯ scharf	Kreuz
...	...

Schärfe   Kreuz   Männer

Räder   bläulich   Steuer

Gebäude   älter   rechts

Erklärung   Text   Läufer

feucht   Sträuße   Rechnung

deutsch   Gräser   Zeugnis

ehrlich   Verkäufer

Wenn ich Wörter nicht ableiten kann, schreibe ich sie mit **e** oder **eu**.

② Finde in der Wörterliste die Grundform.
Schreibe und markiere wie im Beispiel.

Heft 2, S. 14 ②
er läuft – laufen, ...

er läuft   sie hält   es wächst

sie fährt   es trägt   er fängt

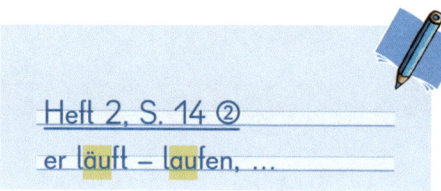

die Brände ↯ der Brand
die Räume ↯ der Raum
die Wäsche ↯ waschen

Lernportion 2: Ableiten und verlängern

Plenum: sich darüber austauschen, bei welchen Wörtern das Ableiten eine Rechtschreibhilfe darstellt

Manchmal kann ich nicht hören, wie ein **Nomen** am Ende geschrieben wird.

Dann **verlängere** ich das Nomen, indem ich die **Mehrzahl** bilde.

der Hun<u>d</u> oder Hun<u>t</u>? ↪ die Hun<u>d</u>e also: der Hun<u>d</u>

der Die<u>b</u> oder Die<u>p</u>? ↪ die Die<u>b</u>e also: der Die<u>b</u>

der Zu<u>g</u> oder Zu<u>k</u>? ↪ die Zü<u>g</u>e also: der Zu<u>g</u>

① Schreibe die Nomen in der Mehrzahl und in der Einzahl auf.

Burg/k   Fahrrad/t   Stifd/t   Korb/p   Hand/t   Pferd/t   Zeld/t

Mehrzahl	Einzahl
die Burgen	die Burg

② Zeichne bei der Mehrzahl in ① Silbenbögen ein.

Manchmal muss ich auch Verben und Adjektive **verlängern**.

Dann höre ich genau, wie ich sie schreiben muss.

Bei **Verben** suche ich dann die **Grundform**:

sie lie**b**t oder sie liept?   ↪   lieben   also: sie lie**b**t

Bei **Adjektiven** setze ich ein **Nomen** dahinter:

wil**d** oder wilt?   ↪   das wil**d**e Tier   also: wil**d**

---

① Ergänze passend.

Verlängere wie im Beispiel.

Ein Ballon schwe **b** t am Himmel.   ↪ <u>schweben</u>
b/p

Das Küken pie____t leise.   _____
b/p

Emil flie____t in die Türkei.   _____
g/k

Mama par____t das Auto.   _____
g/k

Der Wal ja____t im Meer.   _____
g/k

---

② Ergänze passend und verlängere.

Der Ball ist run **d** .   ↪ der <u>runde</u> Ball
d/t

Das Kind ist kran____.   ↪ das _____ Kind
g/k

Der Drachen ist bun____.   ↪ der _____ Drachen
d/t

Die Blume ist gel____.   ↪ die _____ Blume
b/p

Die Frau ist klu____.   ↪ die _____ Frau
g/k

2 Wörter mit doppeltem Konsonanten verlängern

Manchmal kann ich einen **doppelten Konsonanten** schlecht hören.
Dann hilft das **Verlängern**.

Nomen:	Adjektiv:	Verb:
Stamm ↪ Stämme	dünn ↪ dünne Hosen	kommt ↪ kommen

① Verbinde passend.

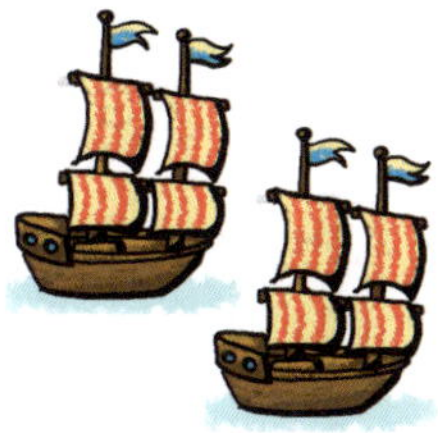

krumm	↪ Schiffe
trifft	↪ glatte Straßen
rennt	↪ Schritte
Schiff	↪ krumme Bananen
Schritt	↪ rennen
glatt	↪ treffen

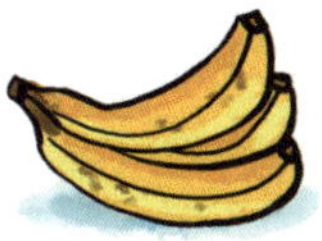

② Schreibe die Paare aus ① auf.
Zeichne wie im Beispiel Silbenbögen ein.

krumm ↪ krumme Bananen

1 Würfelt und rückt entlang der Pfeile mit eurer Spielfigur vor.
Lest die Wörter und sprecht dazu deutlich die Grundform.
Spielt drei Runden.

Bei manchen Verbformen kannst du **ng** oder **nk** nicht deutlich hören.
Bilde dann die Grundform:
sie spri★t ↪ springen
er de★t ↪ denken

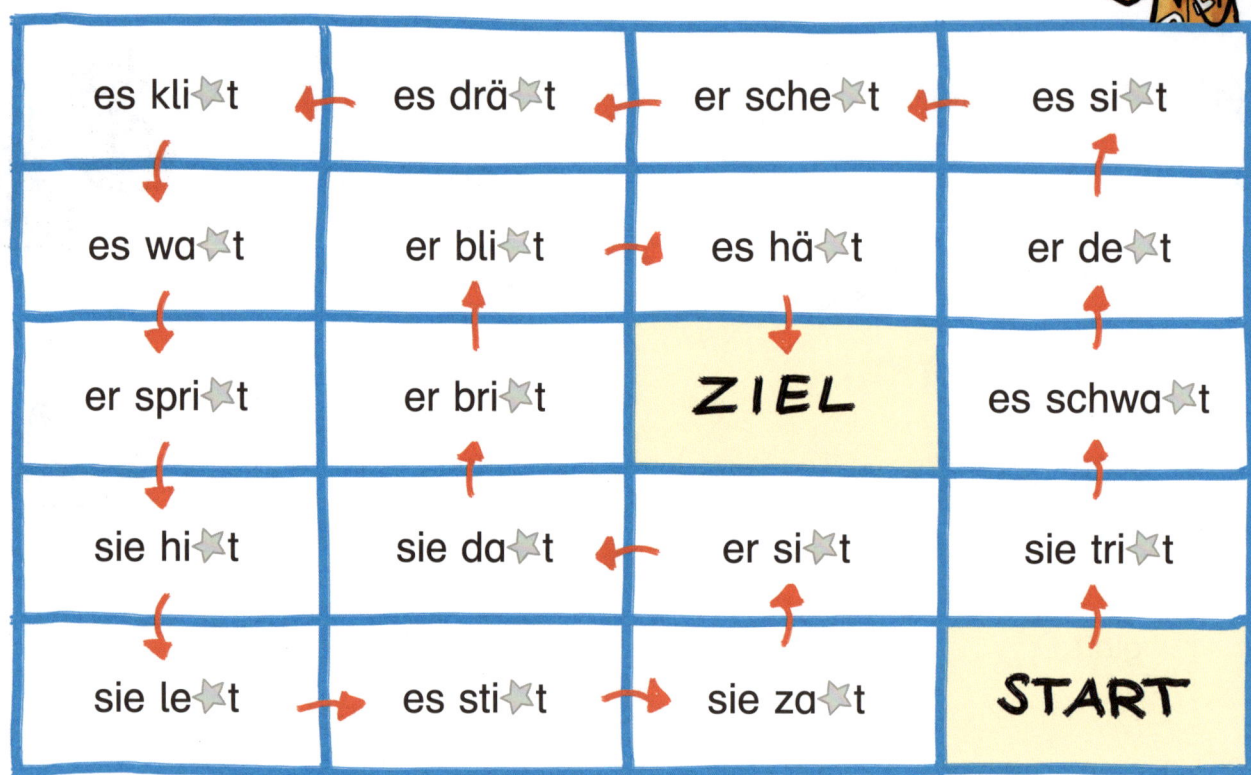

es kli★t	es drä★t	er sche★t	es si★t
es wa★t	er bli★t	es hä★t	er de★t
er spri★t	er bri★t	**ZIEL**	es schwa★t
sie hi★t	sie da★t	er si★t	sie tri★t
sie le★t	es sti★t	sie za★t	**START**

2 Bildet mit den Verben aus **1** Reimwort-Ketten in der Grundform.

danken, schwanken,

So führen wir ein Rechtschreibgespräch

1. Ich suche mir mindestens ein Kind.
2. Wir lesen ein schwieriges Wort.
3. Wir besprechen, welche Stellen im Wort schwierig sind.
4. Wir besprechen Regeln und Strategien, die uns beim Schreiben der schwierigen Stellen helfen.

① Besprecht, was Tim, Milan und Lisa machen.

② Wählt drei Wörter aus. Führt ein Rechtschreibgespräch.

| Saftgläser | Buntstift | Großvater | Bienenstich | Kreuzworträtsel |

Lernportion 2: Ableiten und verlängern

Plenum: sich darüber austauschen, dass ein Rechtschreibgespräch dabei hilft, das Gelernte zu vertiefen, weil man sich dabei gegenseitig etwas erklärt

D 16   19

3 Wörter mit **Sp/sp** und **St/st** schreiben

① Lies die Wörter einem Kind mehrmals vor.

der Spaß	der Streich	der Stress	der Spiegel	die Stille
der Spargel	der Staub	die Spur	der Stempel	
der Spinat	der Streit	die Spinne	der Sturm	der Stau
der Spaziergang	der Streifen	der Sport	die Spaghetti	

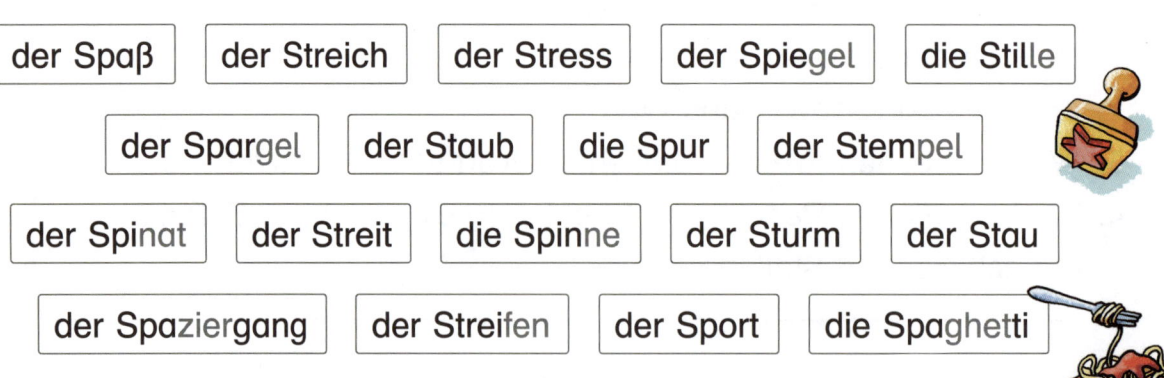

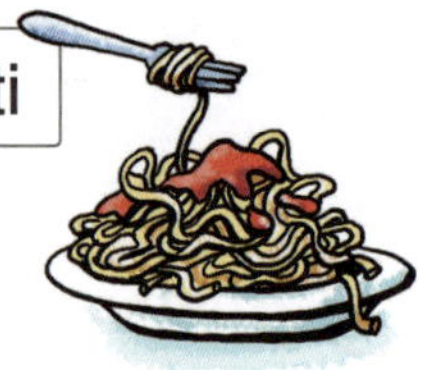

② Schreibe die Wörter aus ① geordnet auf.

Sp	St
der Spaß	

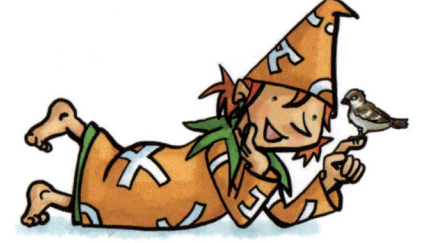

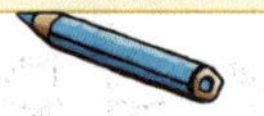

spät	der Stamm
der Spatz	stark
spazieren	steigen

① Schreibe die Wörter zu den Bildern.

| Quelle | ~~Quartett~~ | Qualle | Quader | Quadrat |

| Quittung | Aquarium | Quirl | Qualm |

Quartett

② Schreibe die Adjektive und Verben geordnet auf.

| quadratisch | qualmen | quaken |

| bequem | qualvoll | quatschen | quirlig |

| überqueren | quetschen | quietschen |

Heft 2, S. 21 ②+③

Adjektive	Verben
quadratisch	...
...	

③ Zeichne in deiner Tabelle aus ② Silbenbögen ein.

Qu oder **qu** sprichst du wie **kw**.

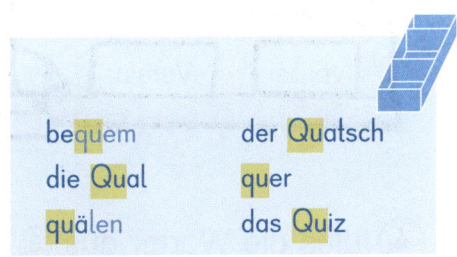

bequem   der Quatsch
die Qual   quer
quälen   das Quiz

> Wörter mit V/v sind **Merkwörter**.
> V/v wird unterschiedlich gesprochen:
> V/v wie f, z.B. viel, bevor, V/v wie w, z.B. Vase, Advent.

① Verbinde passend.

| Vanilleeis | Pullover | Vase | Villa | Vampir | Viper |

② Lies die Wörter aus ① einem Kind mehrmals vor. Sprich V/v wie w.

③ Schreibe die Wörter geordnet auf.

Heft 2, S. 22 ③

V/v wie w	V/v wie f
Virus	voll
...	...

M davor
der Detektiv
das Interview
verbieten
der Vorschlag
vorsichtig

④ Lies die Wörter aus ③ einem Kind mehrmals vor.

Lernportion 3: Besondere Laute

22

Plenum: die Lautqualität von V/v durch Gegenüberstellen beschreiben und unterscheiden
MK-Tipp: eine Liste mit Wörtern mit V/v am Computer erstellen

① Schreibe die Namen der Tiere zu den Bildern. Markiere chs.

| der Fuchs | die Eidechse | der Lachs |

| der Ochse | der Luchs | der Dachs |

der Ochse

② Setze die Wörter passend ein. Markiere chs.

| Gewächshaus | wachsen | wechseln | Fuchs | Wachs |

In der Gärtnerei

Herr **Fuchs** arbeitet in der Gärtnerei.

Er muss das Wasser in den Vasen _____.

Dann gießt er die Pflanzen

im _____. Die Pflanzen

_____ ganz schön schnell!

Herr Fuchs verkauft auch Kerzen aus

buntem _____.

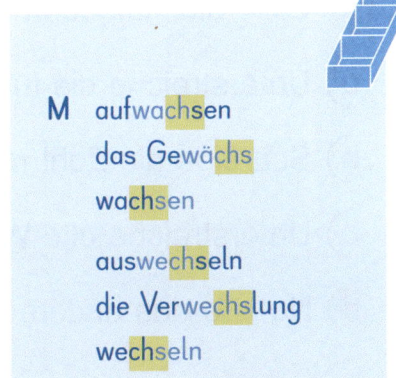

M aufwa**chs**en
das Gewä**chs**
wa**chs**en
auswe**chs**eln
die Verwe**chs**lung
we**chs**eln

Der **ks-Laut**
kann verschieden
geschrieben werden:
als **ks**: Keks,
als **x**: Axt,
als **cks**: Klecks,
als **chs**: Fuchs.

① Lies den Text mehrmals.

Eine tolle Mixtur

1 Professor Xaver stellt eine Mixtur her.
Für ein Experiment braucht er
auch einige exotische Zutaten:
exakt zehn Gramm Kaviar vom Lachs,
5 drei Schuppen einer Eidechse, sechs Haare vom Dachs,
einen Zahn vom Fuchs, zwanzig Tropfen Wachs
und drei Haare von einem alten Ochsen.
Es riecht wie in der Küche einer Hexe.
Obwohl der Professor ein Experte ist,
10 schaut er lieber noch einmal im Lexikon nach.
Es soll nichts explodieren!

② Löse die Aufgaben zum Text aus ①.

a) Unterstreiche die fünf Tiere im Text <u>blau</u>.

b) Schreibe die Zahl mit chs auf. _____

c) Unterstreiche alle Wörter mit X oder x <u>rot</u>.

d) Notiere das andere Wort für **genau**. _____

Nach einem **kurzen Vokal** (a, e, i, o, u) folgen meistens
zwei oder mehr Konsonanten:

- verschiedene Konsonanten: die Zukunft, winzig oder
- zwei gleiche Konsonanten: der Himmel, nass.

Nach einem **langen Vokal** folgt meist nur **ein Konsonant**:
die Rose, das Gras.

---

① Lies die Wörter. Setze einen Punkt unter den kurzen Vokal.
Markiere die folgenden Konsonanten.

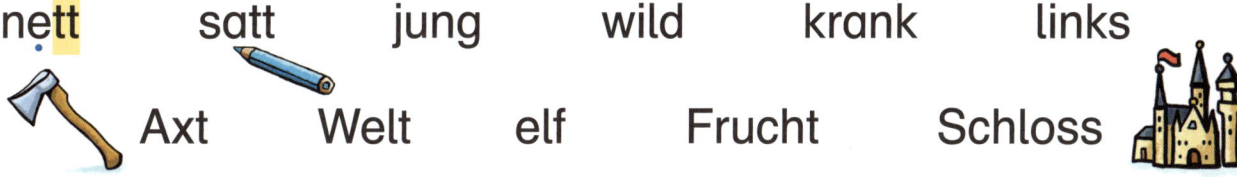

nett   satt   jung   wild   krank   links

Axt   Welt   elf   Frucht   Schloss

---

② Kreise alle Wörter mit einem langen Vokal ein.

Es sind fünf Wörter
mit langem Vokal.

---

③ Schreibe alle Wörter mit einem langen Vokal aus ② auf.
Setze einen Strich unter den langen Vokal.

Oma,

① Ordne die Wörter im Heft. Schreibe wie im Beispiel.

| Hobby | Tanne | doppelt |

| Null | hoffen | krabbeln | Ebbe |

| Bälle | öffnen | Mitte | kaputt |

| Gruppe | Anpfiff | Schmetterling |

| beginnen | Tipp | Mann | billig |

Heft 2, S. 26 ①
bb: Hobby, ...
ff: ...
ll: ...
nn: ...
pp: ...
tt: ...

② Findet zu den Silbenbögen passende Wörter.
Schreibt sie mit Silbenbögen auf.

Heft 2, S. 26 ②
Nomen: Koffer, ...
Adjektive: schlapp, ...
Verben: klettern, ...

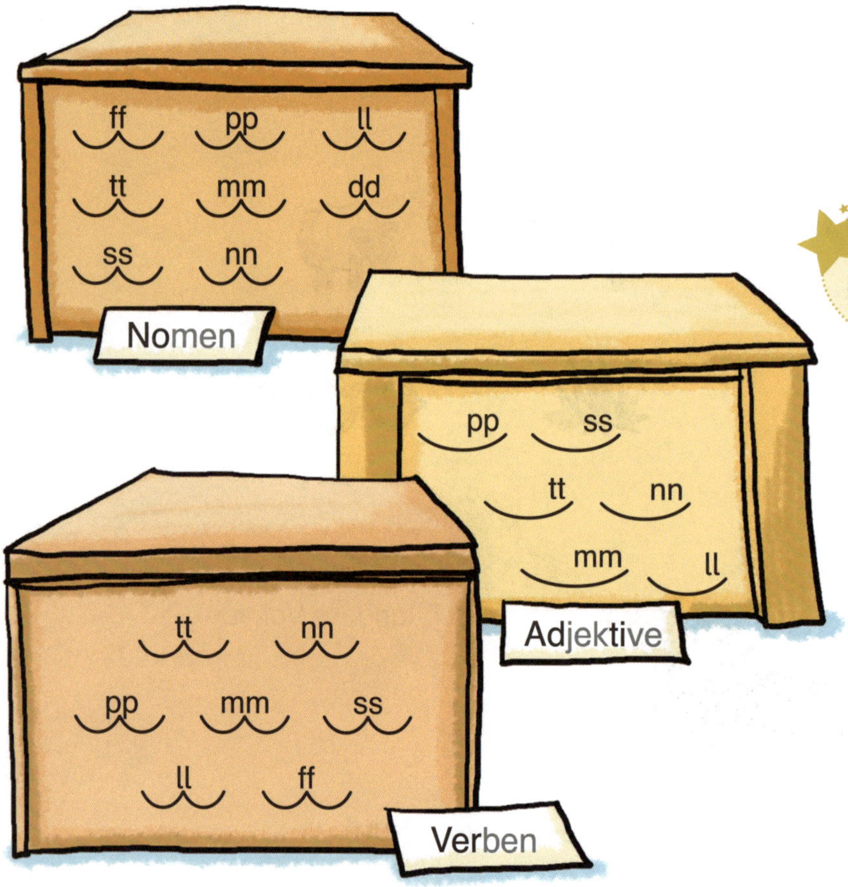

Nomen

ff   pp   ll
tt   mm   dd
ss   nn

Adjektive

pp   ss
tt   nn
mm   ll

Verben

tt   nn
pp   mm   ss
ll   ff

Ihr könnt
die Wörterliste
nutzen.

die Brille
fressen
gewinnen
die Nummer
sammeln
der Schatten

① Kreise die sechs Wörter mit einem kurzen Vokal ein.

② Schreibe die Wörter mit kurzem Vokal aus ① wie im Beispiel auf.

Brille,

③ Schreibe mit vier Wörtern je einen Satz.

treffen	Fußball	gefallen	Nachmittag	Pudding

Schwimmbad	Löffel	Mannschaft	zusammen

das Bett
dumm
fett
der Fluss
glatt
die Hummel

> **Nach einem kurzen Vokal oder Um**laut steht ck:
> der Wecker, der Bäcker, backen, dreckig.

① Ergänze die Reimwörter.

backen	der Rücken
verpacken	pfl_____
die J_____	dr_____
nicken	die Locken
bl_____	tr_____
str_____	die S_____

② Schreibe die Reimwörter aus ① auf.
Setze Punkte unter die kurzen Laute. Markiere **ck**.

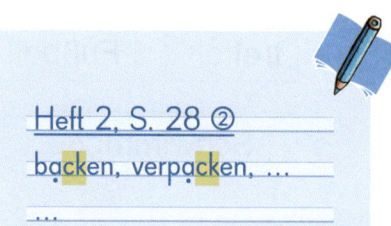

Heft 2, S. 28 ②
backen, verpacken, …
…

③ Bilde sechs Wörter mit **eck**.
Schreibe sie wie im Beispiel auf.

Heft 2, S. 28 ③
Decke, …

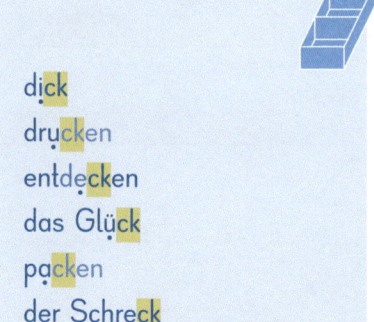

dick
drucken
entdecken
das Glück
packen
der Schreck

> **Nach einem kurzen Vokal oder Umlaut** steht tz: die Katze, nützen.

① Lies die Wörter einem Kind mehrmals vor.

Hitze ✶ Mütze ✶ jetzt ✶ Pfütze ✶ Spatz ✶ spitz ✶

letzter ✶ Satz ✶ nützen ✶ Witz ✶ Platz ✶ trotzig ✶

witzig ✶ Nutzen ✶ setzen ✶ Katze ✶ Verletzung ✶

zuletzt ✶ sitzen ✶ besetzt ✶ Spitze ✶ Schatz ✶

kratzen ✶ schützen ✶ schwitzen ✶ Blitz ✶ spritzen

② Löse die Aufgaben zu den Wörtern aus ①.

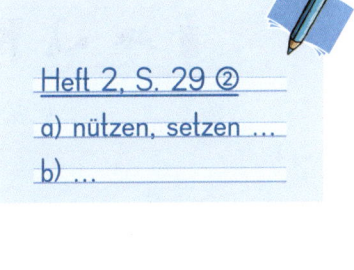

Heft 2, S. 29 ②
a) nützen, setzen ...
b) ...

a) Schreibe alle Verben mit tz ab.

b) Schreibe alle Nomen mit tz ab.

c) Schreibe alle Wörter mit einer Silbe ab.

d) Schreibe die ersten fünf Wörter nach dem Alphabet geordnet auf.

e) Schreibe auswendig möglichst viele Wörter mit tz auf.

f) Schreibe drei Reime mit tz auf.

Ich weiß schon einen Reim: **sitzen – schwitzen**.

der Blitz
das Gesetz
die Hitze
der Satz
der Schatz
spitz

> Wörter mit **doppeltem Konsonanten** trenne ich
> **zwischen den Konsonanten:** Pup-pe, mes-sen.
> Wörter mit tz trenne ich so: blit-zen, put-zen.
> **Aber c und k bleiben immer zusammen:** we-cken, Ja-cke.

① Finde die Wörter zu den Bildern.
Schreibe sie getrennt auf.

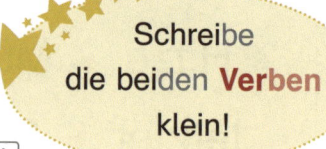

Schreibe
die beiden **Verben**
klein!

Flüs-se

② Schreibe die Wörter getrennt auf.

Butter   Pudding   Pfeffer   Haferflocken

Futter   Wasser   Nüsse   Zucker

But-ter,

So schreiben wir ein Partnerdiktat

1. Ich diktiere einem Kind
   nach und nach einen Text.
2. Wenn der Text aufgeschrieben ist,
   prüfen wir Silbe für Silbe.
3. Wir prüfen auch, ob die Satzanfänge groß
   sind und ob die Satzzeichen stimmen.
4. Mein Partnerkind verbessert die Fehler.
5. Wir tauschen die Rollen.

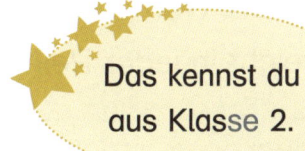

Das kennst du
aus Klasse 2.

1 Lies die Texte mehrmals.

A **Im Sommer** |

Wenn man schwitzt, | machen Spiele | mit Wasser |
viel Spaß. | Füllt einen Eimer | mit Wasser. |
Legt Schwämme | in das Wasser. | Sie saugen |
sich voll. | Werft euch | die Schwämme zu. |
Das spritzt | und nichts | bleibt trocken.

B **Gewitter** |

Im Sommer | gibt es oft | Gewitter. |
Dicke Wolken | sind am Himmel. | Blitze zucken. |
Kurz darauf | folgt der Donner. | Dann kommt meist |
der Regen | und oft | auch Wind.

2 Schreibt ein Partnerdiktat mit einem Text aus **1**.
Lest oben, wie es geht.
Tauscht auch die Rollen.

Heft 2, S. 31 ②
...

Lernportion 4: Kurze und lange Vokale

Plenum: die Vorgehensweise beim Partnerdiktat beschreiben;
sich über diese Möglichkeit austauschen, die Rechtschreibung zu üben

D 18

31

① Lest die Wörter laut. Prüft, wie die gelb markierten Buchstaben klingen.
Streicht in jeder Reihe das Wort, das nicht passt.

spucken ✷ stricken ✷ spuken ✷ drucken

Schal ✷ Schall ✷ Schale ✷ Schaf

Kette ✷ Wetter ✷ retten ✷ kneten

Hitze ✷ Heizung ✷ schwitzen ✷ Witze

Achtet bei den markierten Stellen darauf, ob der Laut lang oder kurz klingt.

 ② Wählt zwei Wörter aus. Führt dazu ein Rechtschreibgespräch.
Nutzt die Anleitung von Seite 19.

Flüssigkeit   Jackenärmel   Schwimmbad   Klassenausflug

 ③ Lest den Text mit den roten Fremdwörtern.
Besprecht, was euch an ihnen auffällt.

Beim Italiener

1 Milan bestellt eine Pizza mit Pilzen.

Seine Schwester nimmt Makkaroni.

Auf der Karte ist eine Skizze des

Schiefen Turms von Pisa.

5 Während sie warten, machen Milan und

seine Schwester ein Puzzle.

Am Tisch nebenan klingelt ständig ein Handy.

„Hoffentlich ist der Akku bald leer", stöhnt Mama.

 ④ Schreibt mit jedem Fremdwort aus ③
einen Satz.

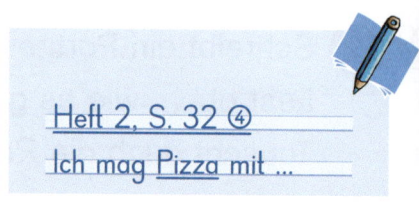

Heft 2, S. 32 ④
Ich mag Pizza mit ...

① Schreibe jeweils den Vorgänger und Nachfolger im Alphabet auf.

H I J __ O __ __ U __ __ E __ __ B __

② Ordne die Nomen nach dem Alphabet.

Ernte | Burg | Dorf | Licht | Ort | Jäger | Heldin | Fichte
König | Musik | Schluss | Nest | Punkt | Traum | Zeit

Burg, Dorf,

③ Nummeriere die Wörter jeweils nach dem Alphabet.

Wenn der erste Buchstabe gleich ist, ordne nach den folgenden.

__ alt   __ arm   1 albern   __ allein

__ brav   __ billig   __ blass   __ blind

__ erleben   __ erschrecken   __ entwickeln
__ erlauben   __ entdecken

entfernen
die Entfernung

entwickeln
die Entwicklung

ernähren
die Ernährung

Das **Wörterbuch** ordnet Wörter nach dem Alphabet.

Zuerst kommt **fett** das **Hauptstichwort**: das Fach.

Dahinter stehen manchmal Nebenstichwörter: die Fächer, fachlich.

① Sieh dir die Seite aus einem Wörterbuch an.
Notiere kurze Antworten zu den Fragen.

Heft 2, S. 34 ①
a) das ...
b) die ...
c) ...

Fa–Fa

F f

die **Fa|bel,** die Fabeln,   Hauptstichwort
fabelhaft, fabulieren
die **Fa|brik,** die Fabriken,   Silbentrennung
der Fabrikant
fa|bri|zie|ren,
die Fabrikation
das **Fach,** die Fächer,
fachlich
der **Fä|cher,** die Fächer,
fächeln
die **Fa|ckel,** die Fackeln
fa|de / fad (Es schmeckt
nach nichts.)
der **Fa|den,** die Fäden
fä|hig, die Fähigkeit   Nebenstichwort
fahn|den,
die Fahndung
die **Fah|ne,** die Fahnen
fah|ren, sie fährt,   Personalform
er fuhr, ist gefahren,   Vergangenheit
die Fähre, die Fahrt,
der Fahrer, das Fahrzeug
fahr|läs|sig
das **Fahr|rad,** die Fahrräder, Mehrzahl
Fahrrad fahren
fair, die Fairness   Artikel
der **Fakt,** die Fakten
(Tatsache), faktisch
der **Fak|tor,** die Faktoren
der **Fall,** die Fälle, auf jeden
Fall, jedenfalls, notfalls

96

a) Was ist immer **fett** gedruckt?

b) Was steht hinter jedem Nomen?

c) Welche Formen stehen hinter dem Verb?

d) Schreibe drei Nomen in der Mehrzahl auf.

Die Mehrzahl eines Nomens muss ich im **Wörterbuch** bei der Einzahl suchen. **Mäuse** finde ich unter Maus.

① Suche zu jedem Nomen die Mehrzahl.
Schreibe die Wörter und die Seitenzahlen auf.

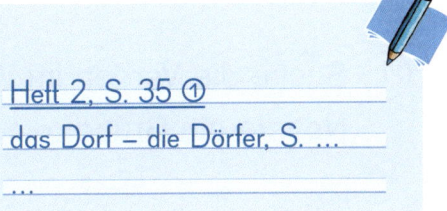

das Dorf ✶ das Fest ✶ der Flur ✶
der Fluss ✶ das Handy ✶ das Hemd ✶
der Käfig ✶ das Land ✶ der Rand

Heft 2, S. 35 ①
das Dorf – die Dörfer, S. ...
...

② Suche die Einzahl im Wörterbuch.
Schreibe wie im Beispiel.

die Blöcke   die Körner   die Büsche

die Häute   die Mütter   die Häfen

die Blöcke – der Block, S.

der Gott – die Götter
das Land – die Länder
der Wind – die Winde

Lernportion 5: Wörter nachschlagen

> **Verbformen** stehen im Wörterbuch bei der **Grundform**:
>
> er isst steht bei essen und
>
> er rannte steht bei rennen.

① Suche die Verben im Wörterbuch.

Notiere die Grundform und die Vergangenheit.

| dürfen | wachsen | vergessen | werfen | nehmen |

| beginnen | fließen | biegen | bitten | kennen |

dürfen – er durfte, wachsen –

② Bildet die Grundform der Verben.

Sucht diese im Wörterbuch.

Schreibt wie im Beispiel.

| es riecht | er friert | sie streitet |

| er frisst | es brennt | sie sieht |

Heft 2, S. 36 ②
es riecht – riechen, Seite ...

messen – er maß
rennen – sie rannte
schweigen – er schwieg

Zusammengesetzte Nomen zerlege ich und schlage die Wörter **einzeln** im Wörterbuch nach:

Sommerferien: der Sommer + die Ferien

① Zerlege die Nomen in einzelne Wörter.
Suche sie im Wörterbuch.
Notiere die Seitenzahlen.

Die **Artikel** stehen auch im Wörterbuch.

Bild	Nomen	Wörter	Seite
	Wiesenblume	die Wiese	S.
		die Blume	S.
	Waldweg	der	S.
			S.
	Riesenrad		S.
			S.
	Obstschüssel		S.
			S.
	Hinweisschild		S.
			S.
	Gartenbank		S.
			S.

Lernportion 5: Wörter nachschlagen

Plenum: sich über das Finden verschiedener Wortformen im Wörterbuch austauschen, z. B. Mehrzahlformen, Verbformen oder zusammengesetzte Nomen

37

1 Lies die Wörter. Spure die Linien mit verschiedenen Farben nach.

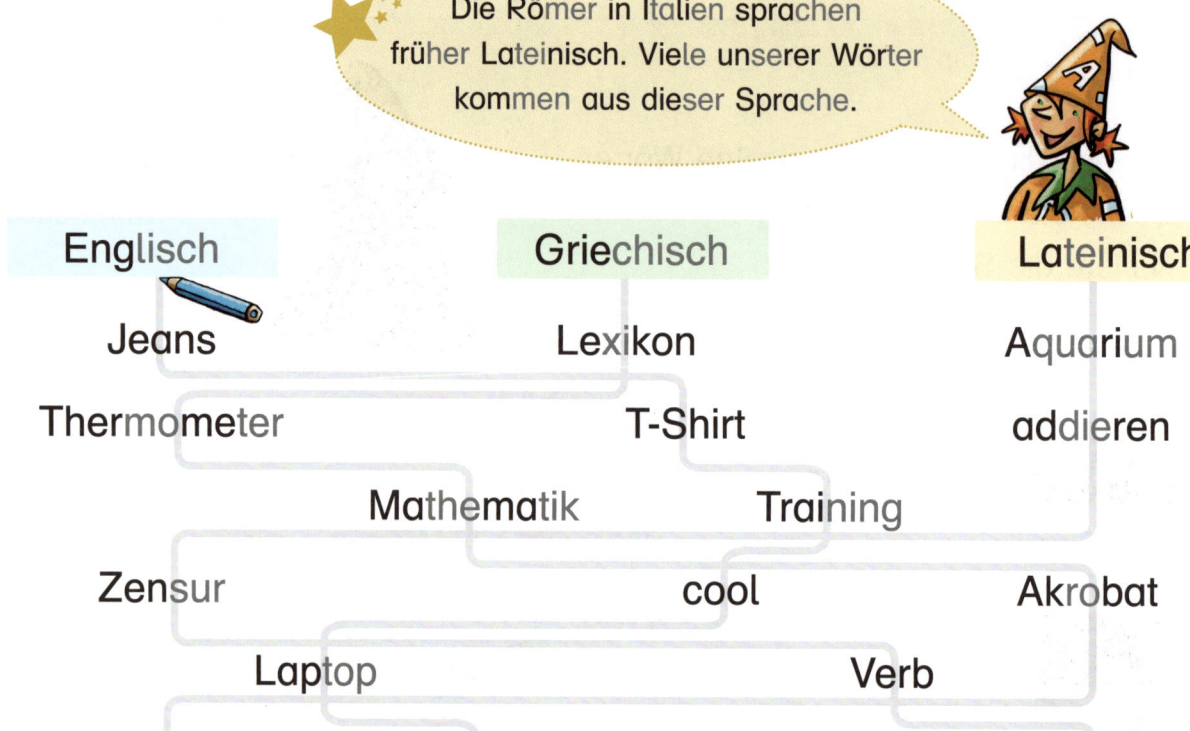

Die Römer in Italien sprachen früher Lateinisch. Viele unserer Wörter kommen aus dieser Sprache.

Englisch   **Griechisch**   **Lateinisch**

Jeans   Lexikon   Aquarium

Thermometer   T-Shirt   addieren

Mathematik   Training

Zensur   cool   Akrobat

Laptop   Verb

Symbol   Test   Kaiser

2 Ordne die Wörter aus 1 im Heft.

3 Klärt unbekannte Wörter aus 1.

Heft 2, S. 38 ②
Englisch: Jeans, …
Griechisch: Lexikon, …
Lateinisch: Aquarium, …

4 Verbinde passend.

| Musikgruppe | kräftig rosa | Versuch | Beifall |

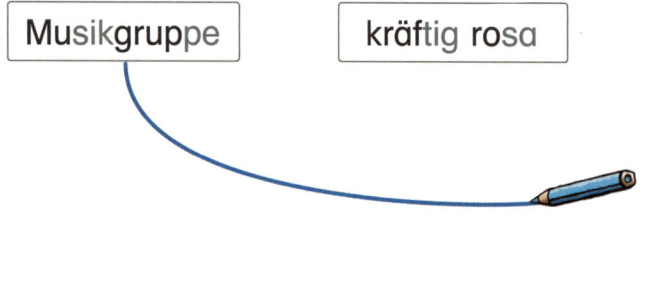

| pink | Experiment | Applaus | Band |

① Lies den Text mit den markierten Fehlern.

Datei Bearbeiten Ansicht Einfügen Format Vorlagen Tabelle Formular Extras Fenster Hilfe

Das Schulfest am Samstag war der Hitt. Bei stralender Sonne

waren viele Leute gekommen, um das Jubileum der

Schule zu feiern. Seit genau fünfzig Jahren gibt es

die Schule nähmlich schon.

Die Klassen hatten Spiele, Stazionen und

Schpezialitäten aus vielen Ländern vorbereitet. Die Schule

war schön dekoriert.

Es gab auch eine Olimpyade. Die Kinder trafen sich zu einem

Schießen auf die Torwand, zum Weitsprung und zu einem Lauf.

Bei dieser Distziplin gelang es der Klasse 4b, die Konkurenz

hinter sich zu lassen. Am Ende erzielte jedoch die Klasse 3a

das beste Ergebnis. Sie gewann den Pockal.

Nach dem Fest halfen alle beim Aufräumen.

② Prüft die markierten Wörter aus ① mit dem Wörterbuch.
Schreibt sie richtig auf.

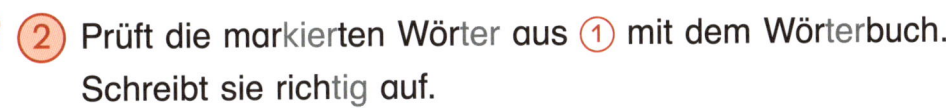

Hit,

Lernportion 5: Wörter nachschlagen

Plenum: sich darüber austauschen, wie die Rechtschreibkontrolle im Computer bei der Verbesserung der Rechtschreibung hilft
MK-Tipp: einen eigenen Text am Computer schreiben und die Rechtschreibung prüfen lassen

39

> Der **Computer** macht oft **Vorschläge für die Rechtschreibung**.
> Die kannst du nutzen. Dann musst du nicht im Wörterbuch nachschlagen.

① Lies den Text mit den markierten Fehlern.

Flüsse und Kanele kann man mit

Booten befahren. Man nennt sie auch

Wasserstraßen. Früher waren sie oft

sehr wichtig, um Waren über

weite Strecken zu transpotieren.

Dann gab es die Eisenbahn.

Die Schienen waren als Transportwege

beqem. Zuvor mussten die Menschen

oft lange und mühsame Wege zu Fuß

gehen.

| **Kamele** |
| Dromedare, Reittiere, Trampeltiere |
| **Kanäle** |
| Wasserstraßen, Zuflüsse, Wasserw… |

| **transportieren** |
| befördern, senden, hinaustragen |
| **transponieren** |
| ändern |

| **bequem** |
| angenehm, komfortabel, lan… |
| **bequeme** |
| angenehme, komfortable, lan… |

② Besprecht, welche Vorschläge des Computers aus ①
ihr auswählen würdet. Begründet.

(1) Schreibe die Nomen mit dem Artikel unter die Bilder.

| die Beere | die Haare | der Schnee | das Boot | ~~die Saat~~ | die Idee |

die Saat

(2) Schreibe die Wörter vollständig auf.

d♥♥f   die W●●ge

doof   die

das M♥♥s   das B▲▲t

das M▲▲r   das P●●r

der S●●l   die Erdb▲▲re

l▲▲r   das M♥♥r

♥ = o,
● = a,
▲ = e

M die Beere
das Haar
die Idee
das Paar
der See
der Zoo

> Nach einem **langen Vokal oder Um**laut steht oft ein **stummes h**.
> Man kann dieses **h** nicht hören.
> Das **stumme h** steht oft vor l, m, n und r: wü**h**len, za**h**m, Ba**h**n, fa**h**ren.
> Wörter mit **stummem h** sind **Merkwörter**.

① Ordne jeder Wortfamilie ein Nomen, ein Verb und ein Adjektiv zu.
Unterstreiche den Wortstamm.

Ge**fühl** | **wähl**bar | **Wohn**ung | an**fühl**en | **fehl**erfrei
Fehler | aus**wähl**en | **Lehr**er | ge**fühl**voll | **wohn**lich
lehrreich | be**wohn**en | be**lehr**en | **Wahl** | ver**fehl**en

fühlen   Ge<u>fühl</u>,

wählen

wohnen

lehren

fehlen

② Notiere zu jedem Wort das passende Reimwort.

 Mohn – S▢

 Fahne – S▢

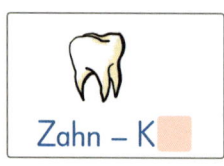 Zahn – K▢

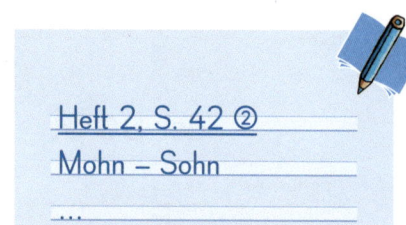
Heft 2, S. 42 ②
Mohn – Sohn
...

 Mühle – St▢

 Hahn – B▢

3 Setze die Wörter passend ein.

wohnen	fröhliches	belohnen

fühlt	erzählt	wahr

Ferien bei Oma

Emil summt ein _____ Lied.

Er _____ sich gut.

Zwei Wochen darf er bei Oma _____ .

Oma _____ oft Geschichten. Aber nicht alle stimmen.

Dann muss Emil raten, ob die Geschichte _____ ist.

Oft hilft Emil Oma im Garten.

Nach der Arbeit _____ sich die beiden mit einem Eis.

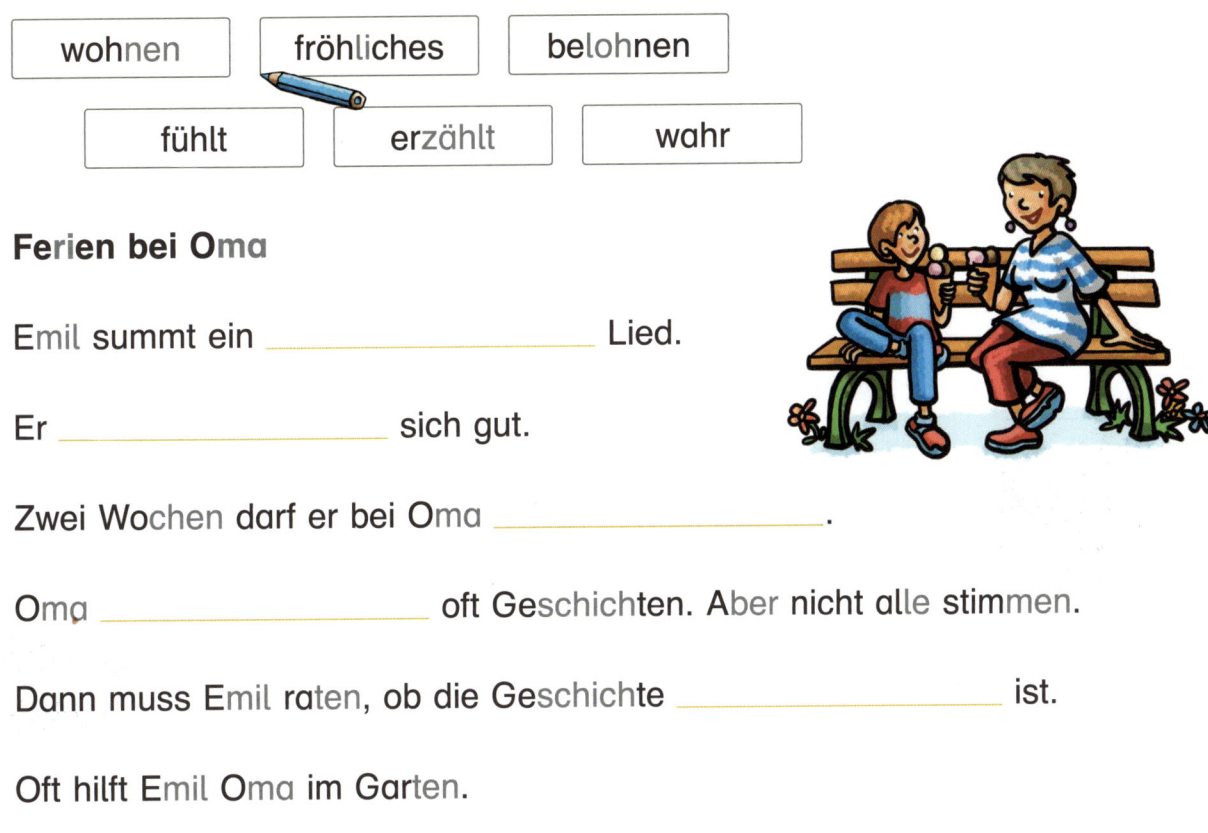

4 Unterstreiche in jedem Satz das Wort mit stummem h.
Schreibe die Wörter auf.

A In der Steinzeit lebten die Menschen in <u>Höhlen</u>.

B Sie wohnten in kleinen Gruppen zusammen.

C Die Ernährung bestand aus Fleisch, Fisch,
    Beeren und Pilzen.

D Die Jagd auf Mammuts und Bären war gefährlich.

E Oft kamen die Jäger ohne Beute zurück.

Heft 2, S. 43 ④+⑤
A: Höhlen
B: ...

5 Markiere in ④ das stumme h.

M ähnlich
   der Draht
   früh
   führen
   die Gefahr
   während

> Manche Wörter mit **lang gesprochenem i** schreibe ich nur mit I/i:
> Kino, Igel, wir, mir, dir. Diese Wörter sind **Merkwörter**.

① Notiere die Wörter nach der Anzahl der Silben.
Zeichne Silbenbögen ein.

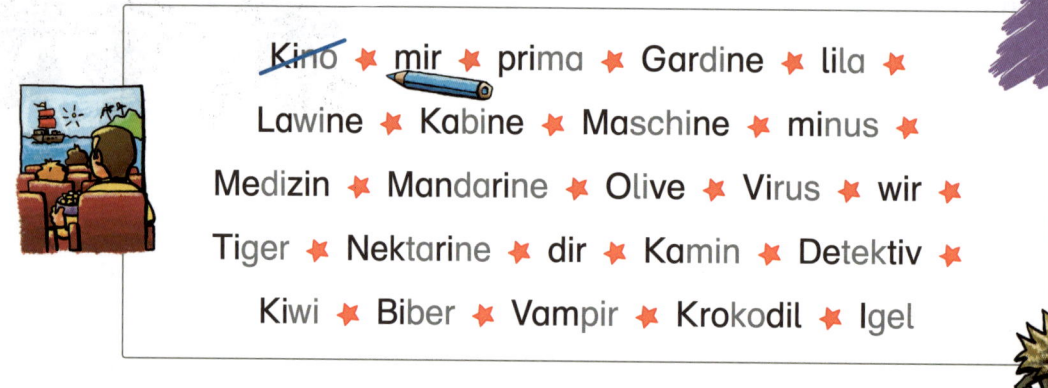

Kino ★ mir ★ prima ★ Gardine ★ lila ★
Lawine ★ Kabine ★ Maschine ★ minus ★
Medizin ★ Mandarine ★ Olive ★ Virus ★ wir ★
Tiger ★ Nektarine ★ dir ★ Kamin ★ Detektiv ★
Kiwi ★ Biber ★ Vampir ★ Krokodil ★ Igel

eine Silbe:

zwei Silben: Kino,

drei Silben:

vier Silben:

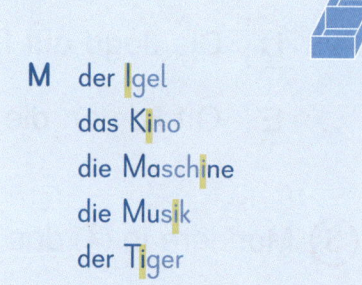

M der Igel
das Kino
die Maschine
die Musik
der Tiger
der Vampir

1 Ergänze die Reimwörter.

F u ß

Gr___

R___

b___ß___

r___

h___

Fl_ß

bl___

gr___

2 Notiere die Wörter. Der Code hilft dir.

19.20.18.1.β.5   23.5.9.β   19.16.1.β   19.20.18.1.21.β

4.18.1.21.β.5.14   19.15.β.5   6.12.5.9.β.9.7

A = 1, B = 2, C = 3, D = 4, E = 5, F = 6, G = 7, H = 8, I = 9, J = 10, K = 11, L = 12, M = 13, N = 14, O = 15, P = 16, Q = 17, R = 18, S = 19, T = 20, U = 21, V = 22, W = 23, X = 24, Y = 25, Z = 26

Straße,

3 Setze die Wörter passend ein.

| Spaß | Straße | weiß | draußen | ~~heißt~~ |

Lisas Kater **heißt** Krümel. Sein Fell ist _____. Lisa hat mit ihm

sehr viel _____. Am liebsten ist Krümel _____ im Garten.

Manchmal rennt er über die _____.

Das ist gefährlich!

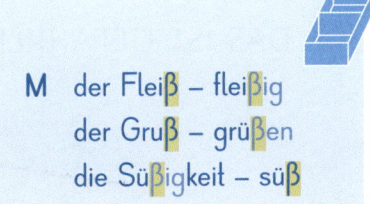

M der Fleiß – fleißig
der Gruß – grüßen
die Süßigkeit – süß

Nomen schreibe ich **groß**. So erkenne ich ein Nomen:
1. Ich kann einen **Artikel** vor das Wort setzen: **der** Hund.
2. Ich kann die **Mehrzahl** bilden: **die** Hunde.
3. Ich kann ein **Adjektiv** vor das Nomen setzen: **der kleine** Hund.
Wenn zwei Merkmale stimmen, ist es ein Nomen.

① Prüfe, vor welche Wörter ein Artikel passt.
Unterstreiche die sechs Nomen.

MÖWE ✶ PASSIEREN ✶ KOMPASS ✶ STÜRMISCH ✶

SEGELN ✶ GEWÄSSER ✶ FLOSSE ✶ WINDIG ✶

TAUCHEN ✶ SURFBRETT ✶ FLUT ✶ WUNDERBAR

② Kläre mit einem Kind Nomen aus ①, die du nicht kennst.

③ Unterstreiche die Nomen.
Schreibe sie mit dem Artikel auf.

DIE KINDER MACHEN GERN

WANDERUNGEN AM STRAND.

DANN SAMMELN SIE STEINE

UND MUSCHELN.

HÄUFIG GIBT ES HOHE WELLEN.

DIE STRÖMUNG IST OFT STARK.

DAS IST GEFÄHRLICH.

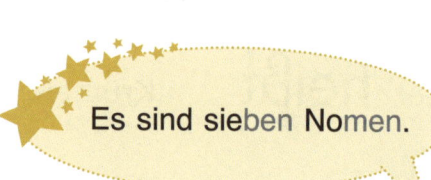

Heft 2, S. 46 ③
die Kinder, ...

Es sind sieben Nomen.

> **Den Anfang des Satzes** schreibe ich **groß**: Der Apfel ist rot.
> Am Ende des Satzes setze ich einen Punkt.

1 Verbessere die Satzanfänge.
Setze Punkte am Ende der Sätze.

M
mein Vater ist bei der Feuerwehr_____

gestern hatte er einen großen Einsatz_____

ein Bauernhof ist abgebrannt_____

alle Menschen und Tiere wurden aber gerettet_____

2 Schreibe die Sätze aus ① richtig auf.

Mein _____

_____

_____

_____

_____

_____

3 Markiere in ② die Satzanfänge und die Punkte am Ende.

> Die Namen der **Tage**, der **Monate** und der **Zeit**
> schreibe ich **groß**: Dienstag, Januar, Stunde, Jahr, Monat.
> Ich erkenne sie an einem **Begleitwort**: am Abend, im Mai, drei Tage.

1 Lies die Sätze und unterstreiche, **wann** etwas ist.

Am Abend trinke ich Milch.   der Abend

Jeden Morgen ziehe ich mich an.

Ich habe im März Geburtstag.

Wir schwimmen am Nachmittag.

Am Dienstag muss ich zum Arzt.

2 Schreibe in ① das Zeit-Nomen mit dem Artikel auf.

3 Schreibe die Sätze aus ① richtig ab.

Am Abend

4 Unterstreiche in ③ die Zeitangaben.

Anredepronomen richtig schreiben

In Briefen an Freunde oder Verwandte benutze ich
die **Anredepronomen** du, dein, dich, euch, ihr.
Wenn ich eine erwachsene Person nicht gut kenne, schreibe ich
Sie, Ihnen, Ihr, Ihre.

① Lest den Brief abwechselnd Satz für Satz.
Setzt du, deine, dich und dir passend ein.

> Lieber Jan,
>
> wir möchten dich _____ zu unserem Fest am 21. Juni
>
> ab 11 Uhr einladen. Wir wollen mit _____
>
> grillen. Danach wollen wir mit _____ spielen.
>
> Kennst _____ ein gutes Spiel? Das wäre toll.
>
> Wir freuen uns auf _____. Alle hoffen, dass
>
> _____ kommen kannst. Wir warten auf
>
> _____ Antwort.
>
> Deine Klasse 3a

② Die Klasse möchte auch ihren Lehrer,
Herrn Winter, einladen.
Schreibt die Einladung aus ① um.
Benutzt Sie, Ihnen.

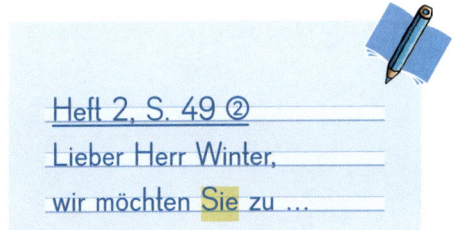

Heft 2, S. 49 ②
Lieber Herr Winter,
wir möchten Sie zu ...

Auf einen Blick

ᗯ In Silben gliedern. So vergesse ich keinen Buchstaben: Besen.

ϟ Ableiten. So unterscheide ich e oder ä
und eu oder äu: Zäune ϟ Zaun, Häschen ϟ Hase.

↪ Verlängern. So unterscheide ich b oder p, d oder t und g oder k
am Ende: der Hund ↪ die Hunde.

Ⓜ Wörter mit doppelten Vokalen oder V/v merke ich mir:
Schnee, Vogel.

1 Tauscht euch aus.
Ordnet die Wörter
den Strategien zu.

Badeente   Wannenrand   Pullover   Waage
Handtuch   Bademantel   Bäuche   Zähne
säubern   waschen   Taucherbrille
es schäumt   Waschbecken

ᗯ **Badeente,**

ϟ

↪

Ⓜ

feucht
frieren
schmutzig
schwitzen
die Temperatur
trocken

1 Schreibe die Lückenwörter richtig auf.

uns★re	– ∿ unsere, daher:	*unsere*
Monta★	– ↪ viele Montage, daher:	
schmutzi★	– ↪ schmutziger, daher:	
Gegenst★nde	– ⚡ Gegenstand, daher:	
ga★	– ↪ kommt von geben, daher:	

2 Ergänze die fehlenden Buchstaben in Ranis Text.
Die Lösung aus ① hilft dir dabei.

> ### Unser Projekt
>
> Letzte Woche hat uns____re Schule Projekte zum
>
> Thema Müll gemacht. Am Monta____ haben wir
>
> alle auf dem Hof Müll gesammelt. Wir waren
>
> erstaunt, wie schmutzi____ es war. Eine Gruppe machte
>
> ein Spiel zum Thema Müll. Einige Kinder lernten, wie
>
> Gegenst____nde recycelt werden. Meine Gruppe sammelte
>
> Ideen, wie wir in der Schule Müll vermeiden können.
>
> Am Ende der Woche ga____ es eine Ausstellung.
>
> *Rani, Klasse 3a*

3 Lies Ranis Text aus ②.

1 Lies die Sätze. Achtung! Sie enthalten Fehler.

Ein toller Tak am Meer

Koki lechelt bis über beide Ohrn.

Heute geht er mit seinem Freunt Olek ans Mer.

Der Wint ist heute sehr starg.

Olek sprinkt mutik in das Wasser.

Oh, ist das kald!

Lieber sucht er sich schnell ein Pletzchen in den Dünen.

2 Verbessert die falsch geschriebenen Wörter
mit Hilfe der Zeichen.

① Markiere die richtigen Buchstaben. Die Zeichen helfen dir.

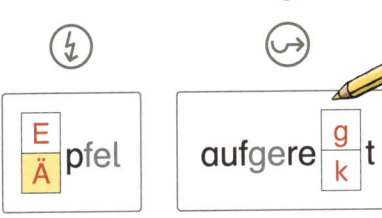   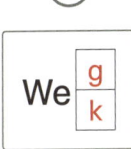 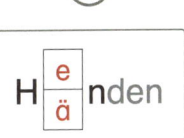

② Setze die Wörter aus ① passend ein.

Im Wald

1 Die Klasse 3a ist im Wald. Die Kinder sollen eine Kiste

suchen. Alle sind schon ganz ___aufgeregt___ .

Die Kinder teilen sich in _____ auf.

Malik findet eine Spur auf dem _____.

5 Die Kinder gehen einer Spur und vielen Pfeilen nach.

„Wir haben die Kiste gefunden!", ruft Bente plötzlich.

Sie winkt mit den _____.

Da _____ auch die anderen Kinder.

Sie öffnen die Kiste. Darin finden sie

10 Brote und _____.

① Lies die Texte.

Tolle Vögel

Jedes Jahr verbringen Millionen von **Zukvögeln**/**Zugvögeln** den kalten Winter in südlichen **Ländern**/**Lendern**. Nur im **Somma**/**Sommer** leben sie in Europa. Der Storch legt dabei bis zu 10 000 **Kilometer**/**Killometer** nach Afrika zurück.

Menschen aus vielen Ländern

In fast allen **Staaten**/**Stahten** leben Menschen aus vielen Ländern der Erde. Auch bei uns in Deutschland leben Menschen, die aus anderen Ländern oder von anderen **Kontinenten**/ **Konntinenten** kommen. Sie wurden in Asien, Afrika oder Amerika **geborn**/**geboren**.
Jeder Mensch kann von anderen Menschen etwas lernen.

② Unterstreicht in ① jeweils das rote Wort, das richtig geschrieben ist. Begründet eure Wahl.

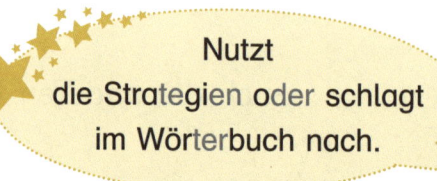
Nutzt die Strategien oder schlagt im Wörterbuch nach.

③ Schreibe einen Text aus ① richtig auf.

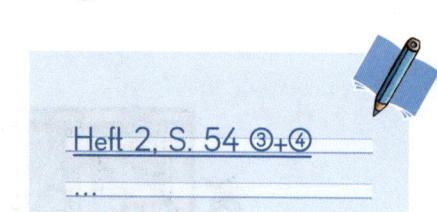
Heft 2, S. 54 ③+④
...

④ Prüfe deinen Text aus ③ Silbe für Silbe. Verbessere.

1 In Emils Text sind die Fehler markiert.
Schreibe den Text richtig auf. Lass dabei die gelben Zeilen frei.
Notiere dort die Begründung.

> Begründe die richtige Schreibweise so:
> Satzanfang = groß, Nomen = groß,
> Verb = klein oder Adjektiv = klein.

Montag ist für mich | der Schönste Tag der woche. |

Da spiele ich gitarre | letzten Sonntag durfte ich |

vor publikum auftreten. | ich war nicht Aufgeregt.

(Emil)

Adjektiv = klein

Montag ist für mich der schönste Tag der

A a

der **Ad|vent**, die Advente Ⓜ

ähn|lich Ⓜ

al|lein

alt ↪

an|geln, er angelte

ant|wor|ten, sie antwortete

das **A|qua|ri|um**, die Aquarien

der **Arzt**, die Ärzte ⚡

die **Ärz|tin**, die Ärztinnen ⚡

auf|pas|sen, sie passte auf

auf|räu|men, er räumte auf ⚡

auf|wach|sen, es wuchs auf Ⓜ

au|ßen Ⓜ

aus|wech|seln, sie wechselte aus Ⓜ

die **Axt**, die Äxte ⚡

B b

das **Bad**, die Bäder ⚡

die **Bahn**, die Bahnen Ⓜ

bau|en, er baute

die **Bee|re**, die Beeren Ⓜ

das **Beet**, die Beete Ⓜ

be|feh|len, er befahl Ⓜ

be|geg|nen, sie begegnete

be|gin|nen, es begann

bei|ßen, er biss Ⓜ

be|kom|men, er bekam

be|loh|nen, sie belohnte Ⓜ

be|quem

be|reit

das **Bett**, die Betten

be|vor Ⓜ

be|zah|len, sie bezahlte Ⓜ

der **Bi|ber**, die Biber Ⓜ

bie|gen, er bog

bil|lig ↪

bit|ten, sie bat

blind ↪

der **Blitz**, die Blitze

der **Block**, die Blöcke

bloß Ⓜ

der **Bo|den**, die Böden

boh|ren, er bohrte Ⓜ

das **Boot**, die Boote Ⓜ

der **Brand**, die Brände ⚡ ↪

brav Ⓜ

die **Brem|se**, die Bremsen

bren|nen, es brannte

die **Bril|le**, die Brillen

brin|gen, er brachte

brum|men, sie brummte

die **Burg**, die Burgen ↪

der **Bür|ger**, die Bürger

der **Busch**, die Büsche

C c

die **Chan|ce**, die Chancen Ⓜ

der **Chef**, die Chefs Ⓜ

die **Che|fin**, die Chefinnen Ⓜ

der **Chor**, die Chöre Ⓜ

der **Clown**, die Clowns Ⓜ

D d

da|von Ⓜ

da|vor Ⓜ

den|ken, sie dachte

der **De|tek|tiv**, die Detektive Ⓜ

deut|lich

deutsch

Deutsch|land ↪

dick

don|nern, es donnerte

doof Ⓜ

das **Dorf**, die Dörfer

der **Draht,** die Drähte Ⓜ
dru|cken, er druckte
dumm
dünn
dür|fen, sie durfte
der **Durst**

E e

ehr|lich Ⓜ
ei|gent|lich
ei|ni|ge
elf
die **El|tern**
end|lich
ent|de|cken, sie entdeckte
ent|fer|nen, er entfernte
die **Ent|fer|nung,** die Entfernungen
ent|wi|ckeln, er entwickelte
die **Ent|wick|lung,** die Entwicklungen
die **Erd|bee|re,** die Erdbeeren Ⓜ
er|gän|zen, sie ergänzte (ϟ)
er|klä|ren, er erklärte (ϟ)
er|lau|ben, sie erlaubte
er|le|ben, er erlebte
das **Er|leb|nis,** die Erlebnisse
er|näh|ren, sie ernährte Ⓜ
die **Er|näh|rung,** die Ernährungen Ⓜ
er|schre|cken, er erschreckte
die **Er|war|tung,** die Erwartungen
er|zäh|len, sie erzählte Ⓜ
Eu|ro|pa

F f

fah|ren, er fuhr Ⓜ
das **Fahr|rad,** die Fahrräder Ⓜ
fair Ⓜ
fan|gen, sie fing
feh|len, es fehlte Ⓜ
der **Feh|ler,** die Fehler Ⓜ
fein
fer|tig (↪)
das **Fest,** die Feste
fett
feucht
das **Feu|er,** die Feuer
die **Fich|te,** die Fichten
der **Fleiß** Ⓜ
flei|ßig Ⓜ
flie|gen, sie flog (↪)
flie|ßen, es floss Ⓜ
der **Flur,** die Flure
der **Fluss,** die Flüsse
flüs|sig (↪)
flüs|tern, sie flüsterte
fres|sen, er fraß
frie|ren, es fror
froh Ⓜ
fröh|lich Ⓜ
die **Frucht,** die Früchte
früh Ⓜ
der **Fuchs,** die Füchse Ⓜ
füh|len, er fühlte Ⓜ
füh|ren, sie führte Ⓜ
der **Fuß,** die Füße Ⓜ
das **Fut|ter,** die Futter
füt|tern, er fütterte

G g

ganz
das **Ge|bäu|de,** die Gebäude (ϟ)
die **Ge|fahr,** die Gefahren Ⓜ
ge|fähr|lich Ⓜ
das **Ge|fühl,** die Gefühle Ⓜ
ge|gen
der **Geiz**

die **Ge|mein|de**, die Gemeinden

das **Ge|päck** ⚡

das **Ge|schäft**, die Geschäfte

ge|sche|hen, es geschah

das **Ge|schenk**, die Geschenke ↪

der **Ge|schmack**, die Geschmäcker ⚡

das **Ge|setz**, die Gesetze

das **Ge|wächs**, die Gewächse Ⓜ

ge|win|nen, sie gewann

gie|ßen, er goss Ⓜ

der **Glanz**

glatt

das **Glück**

der **Gott**, die Götter

groß Ⓜ

die **Grup|pe**, die Gruppen

der **Gruß**, die Grüße Ⓜ

grü|ßen, sie grüßte Ⓜ

H h

das **Haar**, die Haare Ⓜ

der **Ha|fen**, die Häfen ⚡

halb ↪

hal|ten, er hielt

das **Han|dy**, die Handys Ⓜ

hän|gen, es hing

der **Hau|fen**, die Haufen

häu|fig ⚡

die **Haut**, die Häute ⚡

die **Hei|de**

heim|lich

heiß Ⓜ

hei|ßen, sie hieß Ⓜ

der **Held**, die Helden ↪

die **Hel|din**, die Heldinnen

hel|fen, er half

das **Hemd**, die Hemden ↪

her|stel|len, sie stellte her

das **Herz**, die Herzen

die **Hit|ze**

hof|fent|lich

höf|lich

hohl Ⓜ

die **Höh|le**, die Höhlen Ⓜ

die **Hum|mel**, die Hummeln

I i

die **I|dee**, die Ideen Ⓜ

der **I|gel**, die Igel Ⓜ

die **In|for|ma|ti|on**, die Informationen

in|for|mie|ren, er informierte

in|ner|halb

das **In|te|res|se**, die Interessen

das **In|ter|view**, die Interviews Ⓜ

J j

ja|gen, er jagte

der **Jä|ger**, die Jäger ⚡

jetzt

die **Ju|gend**

K k

der **Kä|fer**, die Käfer

der **Kä|fig**, die Käfige ↪

der **Kai|ser**, die Kaiser Ⓜ

kalt

die **Käl|te** ⚡

der **Ka|min**, die Kamine

der **Kamm**, die Kämme ⚡

käm|men, sie kämmte ⚡

der **Kampf**, die Kämpfe ⚡

kämp|fen, er kämpfte ⚡

ka|putt

ken|nen, sie kannte

das **Ki|lo|gramm,** die Kilogramm Ⓜ

das **Ki|no,** die Kinos Ⓜ

klap|pen, es klappte

klar

der **Kle|ber,** die Kleber

ko|chen, er kochte

der **Kö|nig,** die Könige ↪

die **Kö|ni|gin,** die Königinnen

das **Korn,** die Körner

kräf|tig ⚡

der **Kreis,** die Kreise

das **Kreuz,** die Kreuze

krie|chen, sie kroch

krumm

kühl Ⓜ

küh|len, er kühlte

L l

das **Land,** die Länder ↪

lang

der **Lärm**

las|sen, sie ließ

das **Laub**

lau|fen, sie lief

läu|ten, es läutete ⚡

le|ben, sie lebte ↪

leer

le|gen, er legte ↪

der **Leh|rer,** die Lehrer Ⓜ

die **Leh|re|rin,** die Lehrerinnen Ⓜ

leuch|ten, es leuchtete

das **Le|xi|kon,** die Lexika Ⓜ

das **Lied,** die Lieder ↪

die **Li|ni|e,** die Linien Ⓜ

der **Löf|fel,** die Löffel

der **Lohn,** die Löhne Ⓜ

die **Luft,** die Lüfte

lus|tig ↪

M m

mah|len, er mahlte Ⓜ

mai|len, sie mailte Ⓜ

die **Man|da|ri|ne,** die Mandarinen Ⓜ

das **Mär|chen,** die Märchen

die **Ma|schi|ne,** die Maschinen Ⓜ

das **Maß,** die Maße Ⓜ

das **Me|di|um,** die Medien

das **Meer,** die Meere Ⓜ

mehr

mes|sen, er maß Ⓜ

mi|nus

der **Mit|tag,** die Mittage ↪

das **Moor,** die Moore Ⓜ

das **Moos,** die Moose Ⓜ

die **Mü|he,** die Mühen

die **Müh|le,** die Mühlen Ⓜ

die **Mu|sik,** die Musiken Ⓜ

die **Mut|ter,** die Mütter

N n

der **Na|bel,** die Nabel

der **Nach|mit|tag,** die Nachmittage ↪

nah Ⓜ

die **Nah|rung** Ⓜ

näm|lich

nass

die **Näs|se** ⚡

die **Na|tur,** die Naturen

ne|ben

neh|men, sie nahm Ⓜ

das **Nest,** die Nester

nett

ni|cken, er nickte

der **Nor|den**

die **Num|mer,** die Nummern

nut|zen, sie nutzte

nütz|lich

O o

das **Obst**
der **Och|se**, die Ochsen Ⓜ
of|fen
oh|ne Ⓜ
das **Ohr**, die Ohren Ⓜ
der **Ort**, die Orte
das **Os|tern**, die Ostern

P p

paar Ⓜ
das **Paar**, die Paare Ⓜ
pa|cken, sie packte
die **Pap|pe**, die Pappen
die **Par|ty**, die Partys Ⓜ
der **Pass**, die Pässe ⚡
das **Pferd**, die Pferde ↪
die **Pflan|ze**, die Pflanzen
pfle|gen, er pflegte
die **Pflicht**, die Pflichten
die **Piz|za**, die Pizzas Ⓜ
der **Platz**, die Plätze ⚡
plötz|lich
pri|ma Ⓜ
prü|fen, er prüfte
der **Pul|lo|ver**, die Pullover Ⓜ
der **Punkt**, die Punkte
die **Py|ra|mi|de**, die Pyramiden Ⓜ

Qu qu

die **Qual**, die Qualen
quä|len, sie quälte
der **Quatsch**
die **Quel|le**, die Quellen
quer
quiet|schen, es quietschte
das **Quiz**, die Quiz

R r

das **Ra|di|o**, die Radios
der **Rand**, die Ränder ↪
der **Ra|sen**, die Rasen
der **Raum**, die Räume ⚡
rei|sen, er reiste
rei|ßen, sie riss Ⓜ
die **Re|li|gi|on**, die Religionen
ren|nen, er rannte
rie|chen, sie roch
der **Rie|se**, die Riesen
der **Rock**, die Röcke
die **Ru|he**
rüh|ren, er rührte Ⓜ

S s

der **Saal**, die Säle Ⓜ
die **Saat**, die Saaten Ⓜ
sä|en, sie säte
der **Sa|men**, die Samen
sam|meln, er sammelte
satt
der **Satz**, die Sätze ⚡
schaf|fen, sie schaffte
der **Schall**, die Schalle
schal|len, es schallte
der **Schal|ter**, die Schalter
der **Schat|ten**, die Schatten
der **Schatz**, die Schätze ⚡
die **Schau|kel**, die Schaukeln
schen|ken, er schenkte
schie|ben, sie schob
das **Schiff**, die Schiffe
schla|fen, er schlief
schlie|ßen, sie schloss Ⓜ
schließ|lich Ⓜ
schlimm
der **Schluss**

schme|cken, sie schmeckte

schmut|zig

der Schnee Ⓜ

schnell

die Schnur, die Schnüre

der Schreck, die Schrecke

der Schutz

schüt|zen, er schützte

schwei|gen, sie schwieg

schwim|men, er schwamm

schwit|zen, sie schwitzte

der See, die Seen Ⓜ

se|hen, er sah

sehr

sel|ber

Sil|ves|ter Ⓜ

sin|gen, sie sang

sin|ken, er sank

der Sohn, die Söhne Ⓜ

der Spaß, die Späße Ⓜ

spät

der Spatz, die Spatzen

spa|zie|ren, er spazierte

spitz

die Spra|che, die Sprachen

sprin|gen, sie sprang

die Stadt, die Städte ⚡

der Stamm, die Stämme ⚡

stark

stär|ken, er stärkte

steh|len, sie stahl Ⓜ

stei|gen, er stieg ⚡

steu|ern, sie steuerte

still

die Stirn, die Stirnen

stolz

die Stra|ße, die Straßen Ⓜ

der Strauß, die Sträuße ⚡

strei|chen, er strich

strei|ten, sie stritt

streng

das Stück, die Stücke

der Stuhl, die Stühle

stumm

stür|misch

der Sü|den

sur|fen, er surfte Ⓜ

süß

die Sü|ßig|keit, die Süßigkeiten Ⓜ

T t

das Ta|blet, die Tablets Ⓜ

der Tag, die Tage ↪

täg|lich ⚡

die Tan|ne, die Tannen

die Tas|se, die Tassen

die Tas|te, die Tasten

das Ta|xi, die Taxis Ⓜ

die Tech|nik, die Techniken

der Ted|dy, die Teddys Ⓜ

der Tee, die Tees Ⓜ

der Tel|ler, die Teller

die Tem|pe|ra|tur, die Temperaturen

der Text, die Texte Ⓜ

das The|a|ter, die Theater Ⓜ

das The|ma, die Themen Ⓜ

das Ther|mo|me|ter, die Thermometer Ⓜ

tief

der Ti|ger, die Tiger Ⓜ

der Tipp, die Tipps

tip|pen, sie tippte

die Toch|ter, die Töchter

der Tod, die Tode ↪

toll

tra|gen, er trug

trai|nie|ren, sie trainierte

das Trai|ning, die Trainings Ⓜ

der **Traum**, die Träume

träu|men, sie träumte

trau|rig

tref|fen, er traf

treu

trin|ken, sie trank

tro|cken

trös|ten, er tröstete

trotz|dem

tun, sie tat

U u

ü|ben, sie übte

ü|ber

ü|ber|all

ü|ber|que|ren, er überquerte

die **Ü|bung**, die Übungen

die **Uhr**, die Uhren Ⓜ

der **U|hu**, die Uhus

um|keh|ren, er kehrte um

un|ge|fähr Ⓜ

un|ten

un|ter

der **Un|ter|richt**, die Unterrichte

un|ter|wegs

der **Ur|laub**, die Urlaube ↪

V v

die **Va|se**, die Vasen Ⓜ

der **Va|ter**, die Väter Ⓜ

ver|bie|ten, er verbot Ⓜ

das **Ver|bot**, die Verbote Ⓜ

ver|brau|chen, sie verbrauchte Ⓜ

ver|bren|nen, er verbrannte Ⓜ

ver|dop|peln, sie verdoppelte Ⓜ

der **Ver|ein**, die Vereine Ⓜ

ver|ei|nen, er vereinte Ⓜ

ver|ges|sen, sie vergaß Ⓜ

ver|gess|lich Ⓜ

ver|glei|chen, er verglich Ⓜ

ver|kau|fen, sie verkaufte Ⓜ

ver|let|zen, er verletzte Ⓜ

ver|lie|ren, sie verlor Ⓜ

ver|mis|sen, er vermisste Ⓜ

ver|rückt Ⓜ

ver|schmut|zen, sie verschmutzte Ⓜ

ver|schwin|den, er verschwand Ⓜ

ver|spre|chen, sie versprach Ⓜ

der **Ver|such**, die Versuche Ⓜ

ver|trau|en, er vertraute Ⓜ

ver|wandt Ⓜ

der **Ver|wand|te**, die Verwandten Ⓜ

die **Ver|wechs|lung**, die Verwechslungen Ⓜ

viel|leicht Ⓜ

das **Vi|rus**, die Viren Ⓜ

voll Ⓜ

voll|stän|dig Ⓜ

vo|raus Ⓜ

vor|bei Ⓜ

vor|fah|ren, sie fuhr vor Ⓜ

die **Vor|fahrt**, die Vorfahrten Ⓜ

vor|her Ⓜ

vor|kom|men, es kam vor Ⓜ

vor|le|sen, er las vor Ⓜ

der **Vor|na|me**, die Vornamen Ⓜ

vor|ne Ⓜ

vor|neh|men, er nahm vor Ⓜ

der **Vor|schlag**, die Vorschläge Ⓜ

vor|schla|gen, er schlug vor Ⓜ

vor|schrei|ben, sie schrieb vor Ⓜ

die **Vor|sicht** Ⓜ

vor|sich|tig Ⓜ

vor|stel|len, er stellte vor Ⓜ

der **Vor|teil**, die Vorteile Ⓜ

vor|tra|gen, sie trug vor Ⓜ

vor|wärts Ⓜ

W w

die **Waa|ge**, die Waagen

das **Wachs**, die Wachse Ⓜ

die **Wahl**, die Wahlen Ⓜ

wäh|len, sie wählte Ⓜ

wahr Ⓜ

wäh|rend Ⓜ

der **Wald**, die Wälder ⚡

die **Wand**, die Wände ⚡

wann

warm

die **Wär|me** ⚡

die **Wä|sche**, die Wäschen ⚡

wa|schen, er wusch

wech|seln, sie wechselte Ⓜ

we|cken, er weckte

der **We|cker**, die Wecker

we|gen

weg|ge|hen, sie ging weg

das **Weih|nach|ten**, die Weihnachten

wei|nen, es weinte

weiß Ⓜ

die **Welt**, die Welten

we|nig ↪

wer|den, es wurde

wer|fen, sie warf

der **Wes|ten**

wich|tig

wie|der

wie|gen, er wog

wild

der **Wind**, die Winde ↪

win|dig ↪

win|ken, sie winkte

wirk|lich

wis|sen, er wusste

das **Wis|sen**

der **Witz**, die Witze

wit|zig ↪

wohl Ⓜ

woh|nen, sie wohnte Ⓜ

die **Woh|nung**, die Wohnungen Ⓜ

der **Wolf**, die Wölfe

das **Wort**, die Wörter

der **Wunsch**, die Wünsche

wü|tend ↪

Z z

zäh|len, sie zählte

der **Zahn**, die Zähne Ⓜ

der **Zaun**, die Zäune ⚡

der **Zeh**, die Zehen Ⓜ

das **Zei|chen**, die Zeichen Ⓜ

zeich|nen, sie zeichnete

die **Zeich|nung**, die Zeichnungen

zei|gen, er zeigte

die **Zei|tung**, die Zeitungen

das **Zelt**, die Zelte

die **Zen|sur**, die Zensuren

das **Zeug|nis**, die Zeugnisse

das **Ziel**, die Ziele

zie|len, sie zielte

ziem|lich

der **Zir|kel**, die Zirkel

die **Zi|tro|ne**, die Zitronen

der **Zoo**, die Zoos Ⓜ

der **Zu|cker**

zu|erst

der **Zug**, die Züge ↪

die **Zu|kunft**

zu|künf|tig

zu|letzt

zu|rück

zu|sam|men

zwi|schen

zwölf

der **Zy|lin|der**, die Zylinder Ⓜ

Themenheft 2
Richtig schreiben

Herausgegeben von:	Roland Bauer, Jutta Maurach
Erarbeitet von:	Wiebke Gerstenmaier, Sonja Grimm, Martina Schramm in Zusammenarbeit mit der Redaktion Grundschule Deutsch 2–4
Begutachtung:	Astrid Dittberner (Niedersachsen), Susanne Gatniejewski (Sachsen)
Redaktion:	Kristina Fischer, Sabine Gerber, Milena Lemke
Illustration:	Yo Rühmer, Frankfurt am Main
Umschlag:	Cornelia Gründer, Corngreen GmbH, Leipzig (Gestaltung); Yo Rühmer, Frankfurt am Main (Illustration)
Layout:	lernsatz.de
Technische Umsetzung:	Corngreen GmbH, Leipzig

www.cornelsen.de

1. Auflage, 1. Druck 2025

Alle Drucke dieser Auflage sind inhaltlich unverändert
und können im Unterricht nebeneinander verwendet werden.

© 2025 Cornelsen Verlag GmbH, Mecklenburgische Str. 53, 14197 Berlin, E-Mail: service@cornelsen.de

Druck: Athesiadruck GmbH, Bozen

ISBN 978-3-464-81374-4 (Themenheft 2 leicht gemacht, Verbrauchsmaterial)

PEFC-zertifiziert
Dieses Produkt
stammt aus
nachhaltig
bewirtschafteten
Wäldern und
kontrollierten Quellen
PEFC
PEFC/18-31-166 www.pefc.de